JN418703

눈꽃 내려오듯
단 한번만이라도
다가온다면

눈꽃 내려오듯
단 한번만이라도
다가온다면

김 중 시집

우리책

눈꽃 내려오듯
단 한번만이라도
다가온다면

김 중 시집

초판인쇄 2007년 1월 10일
초판발행 2007년 1월 15일

지은이 김 중
펴낸이 김정옥
발행처 도서출판 우리책
등 록 2002년 10월 7일 제2-3611호
주 소 서울특별시 중구 신당3동 373-20
전 화 (02)2266-5892
전 송 (02)2267-7719
홈페이지 http://www.iidle.co.kr
값 6,000원

ISBN 978-89-90392-14-5 03810

■ 자서

시는 우리의 근본이다.
시는 상이한 에로티즘의 형태가
마침내 이르는 곳, 즉 상이한 사물들이
뒤섞이는, 불명료한 곳으로 우리를 인도한다.
그리하여 시는 우리를 영원성에 이르게 하고,
시는 우리를 죽음에 이르게 한다. 그리고
죽음을 통하여 연속성에 도달케 한다.
시는 영원이다.
<태양과 함께 바다는 떠나가고……>

| 차례 |

눈꽃 내려오듯
단 한번만이라도
다가온다면

결정론

내가 태어나듯
당신도 그렇게 태어나

단어들이 담긴
자루 속에서
삶을 선택해야 한다면

그것이
사랑이란
붉은 단어이었으면 합니다

에로티즘

침묵의 선율을 타고
스며드는 강렬한 판타지

에로스 바다에서 건져 올린
금지된 불꽃들

당신과 내가 소유한
세상의 유일한 재산들입니다

하지만 이성으로 가득한
낯선 세상

오늘이 떠돌고
향기 없는 진한 향수에 취한
발가벗은 세상만이 서성이기에

어둠 뒤에서
기억에서 사라진

황홀한 주문을 외워봅니다

존재론

우연히 다가온 세상
우연히 스며든 당신

어느새
가슴엔 구멍이 뚫리고
존재들은 그곳으로 사라졌습니다

의미들이 사라진 오늘
우리는
낯선 혼동 속에서

자유와
초월의 빛을 찾는
항해를 멈출 수 없습니다

인식하고
소유하며

진정한 우리를 찾아 나서지만
낯선 의식뿐입니다

여기가 아닌
그 곳

서로의 장미 빛 속살을 들이대는
아득한 기억의 어둠 속

낯선 미소의
우연한 당신이 아닌

기다림 뒤의
향긋한 당신을 찾습니다

끝없는 사랑

귓가에 타오르는
당신의 숨결

달은
나뭇가지 뒤로 물러섭니다

달빛에 피어나는 뜨거운 열기는
달콤한 향기가 되고

천상에 반짝이는 작은 고백들과
지상에 천사들의 나지막한 속삭임들은

내일 없는 오늘이
영원하길 기원합니다

죽음보다 소중한 당신은
부드러운 어둠에 쌓여

이성이 묻지 않은 하얀 몸으로
끝없는 사랑 이야기를
어둠 내내 고백합니다

벌거벗은 세상

젊은 날의 이상이 그랬듯
지금 나와 함께 하지 않는
당신을 어루만지며

감격적이었던 시간들
정열적이었던 시간들
어둠 넘어 갈망했던 시간들
모든 시간들이 결여되었음을 인식합니다

우리에게 주어진
우연적이며 맹목적인 시간들
어디에서 어디로 흘러가는지 모르지만

죽지 않으면 안되듯
꽃을 가까이하지 않으면 안되듯
당신을 사랑하지 않을 수 없어

벌거벗은 이 세상을

버리지 못하고 동경합니다

슬픈 가슴

진실하나
남겨지지 않는 세상

세상은 늙은 도덕만큼이나
있고 없고
많고 적고
높고 낮음뿐입니다

웃고
울고
기다리다
가을 벼랑 위에서

가슴으로 안고
가슴으로 흐느꼈던
황금처럼 반짝이는 시간들

달아나는 기억 따라

매듭 없는 시간 속으로 떠나 보냅니다

영원한 밤

인생은 이별을 나르는
긴 열차입니다

사람들은
열차가 머물 때마다

별이 되고
향기가 되어

그리운 사람에게
다가갑니다

어둠에 감싸 였던 당신의 하얀 몸은
그 순간 그토록
순결하였기에

어둠은 오늘도
영원한 그 날밤

그 모습 그대로
당신을 기다립니다

서글픈 아름다운 기억

사랑해도
사랑한다는 말을 못하는 슬픈 밤

어둠 뒤
슬픔을 피해
당신을 불러보지만

누군가를 기다리는
당신의 눈길 끝으로

얼어붙었던 기억들이
흐르고 있습니다

여름 향기처럼
조각난 사랑들

가을 낙엽처럼
색바랜 언약들

바람이 불고
낙엽이 지는 이유가 소중하지 않는 오늘

따스한 하얀 눈 위에서
아름다운 파문을 일으켰던
당신의 서글픈 아름다운 시간들이

기억 뒤
당신의 눈길 끝에서
나뭇가지 사이에서

비탄의 소리로 울부짖으며
겨울 바람으로 다시 피어납니다

화려한 웃음

황폐된 요새가
화려한 과거를 보여주듯

당신의 화려한 웃음은
좌절된 과거를 들려줍니다

당신이 저버린 언약들은
화려한 햇살 뒤에서
머뭇거리는 아쉬움들을
가느다란 기억으로 쓸어안고

영원한 사랑의 숨결을 찾아
달빛 가마를 타고 날아갑니다

빛이 없는 이곳에서
지금
내가 당신에게 보내는

말없는 목소리
달콤한 시선
신중한 미소는

분명
당신에 대한
또 다른 절규입니다

인생

그렇게 느리게 다가가더니
그리도 빠르게 지나칩니다

그렇게 힘들게 다가가더니
그리도 쉽게 지나칩니다

그렇게 무겁게 다가가더니
그리도 가볍게 지나칩니다

그렇게 화려하게 다가가더니
그리도 소박하게 지나칩니다

그렇게 소중하게 다가가더니
그리도 하찮게 지나칩니다

겨우 익숙해진 오늘
하얀조각 구름 하나 지나칩니다

너무나 인간답게

당신마음 헤아리기 어렵듯
무지개다리 건너의
또 다른 우리의 모습

나에게는 너무나
어려운 일이라는 것을 알았습니다

이제는
화도내고
떼도쓰고
울어대며

때로는 비겁하게
때로는 무지하게

태어날 때
그 모습 그대로

당신과
세상과
죽음과

가파른
사랑을 향해 질주합니다

위태로운 세상

빛이 달려들자
세상이 휘청거리고

어둠이 달려들자
그녀가 사라졌다

유토피아

이 세상은 아니기에
한 줄기 바람으로 다가선 당신

어느새 저만치에서
나에게 손짓하며

산처럼 무거운 것들을
깃털처럼 가볍게 요구합니다

함께하는 것이 고통이고
함께하는 것이 즐거움이련만

속삭임도
입맞춤도

이세상에
존재하지
않는다며

여기 아닌 그곳에서
한 줄기 바람으로 나를 부릅니다

달콤한 병

나는 달콤한 병에 걸렸습니다

나뭇잎의 가벼운 손짓에도
꽃망울을 뛰쳐나온 달콤한 향기에도

자유의 날개를 펄럭이며
해방된 영혼이 울려 퍼지는
바다로 달려갑니다

당신은
그 해 겨울
죽음이 스며들지 않는
끝없는 자유와 사랑을 찾아

파도 저 만치에서
빛나고 있었습니다

지금

당신의 그런 모습을
만질 수도 볼 수는 없지만

당신이
여기
저기
어디에 있든 상관하지 않습니다

당신의
불타는 숨결
열정의 오열이
이렇게 붉게 내 안에 피어있는 한

이별

멀리서 품은 당신
멀리서 이별을 고합니다

싫어서도
미워서도
아닙니다

지금의 모습이 아닌
지금의 언어가 아닌

꿈이 아닌
둘의 모습이 아닌

끝없는 세상에서
하나의 모습으로
함께 하기 위해서 입니다

내 안의 별

밤하늘의 별처럼
세상에는
벗어날 수도
부정할 수도 없는 것들이 있습니다

산등성을 타고 기어오르는
태양처럼

어둠이 찾아올 때 엄습하는
그림자처럼

때로는
가을 낙엽이 몰고 오는
그리움처럼

당신에 대한
나의 사랑

벗어날 수도
부정할 수도 없습니다

봄을 부둥켜안고 있는 겨울처럼
나에게서 당신을 발견하기 때문입니다

나의 천사

별꽃처럼
빛나고 아름다워라

입맞춤처럼
향기롭고 감미로워라

당신은
세상의 전부이건만

어느새
세상을 닮아 있습니다

이제 내가
바랄 것이 있다면

슬픈 노래에서 벗어나
여기 아닌
그곳에서

당신을 바라보고
당신을 생각하는 일입니다

그렇게 할수만 있다면 I

잊을 수만 있다면
보낼 수만 있다면
포기 할 수만 있다면

그렇게 할 수만 있다면

그렇게 할 수만 있다면 II

기다려만 준다면
돌아와만 준다면
용서 할 수만 있다면

그렇게 할 수만 있다면

살아 있는 한

이젠 사랑한다고
말하겠습니다

당신이
곁에 없어
힘들어서가 아닙니다

사랑이 존재하는 곳은
언제나 감미롭듯

당신과의 기억이 함께 하는 한
그곳이 세상 어느 곳이든
신성한 안식처이기 때문입니다

당신이 그를 사랑하는 만큼
난 당신을 사랑합니다

더 이상의 방황도

더 이상의 슬픔도
더 이상의 이상을 벗어버리고

바다 위에 길게 누운 햇살처럼
소리 없이 당신 곁에 있겠습니다

이젠 사랑한다고
말하겠습니다

그저 살아있기 때문입니다

기억의 꽃

조용히 떠다니는 멜로디가
주인 없이 잊혀져 가는 기억들에게
생명을 불어넣고

푸른 사랑의 파도가
버드나무 가지 끝자락으로 내려와
달콤한 사랑을 속삭이고

한 줄기의 강렬한 빛처럼
끝없는 고백은
대립되는 모든 두 세계를 하나로 묶고

서로의 상처가
향기로운 기억의 꽃으로 피어나는
장미처럼 붉은 세상입니다

기억 안에서
기억 밖에서

사랑 행복 영원만이 출렁이는 설레임 속에서
시들지 않는 행복한
기억의 꽃을 피웁니다

슬픈 노래

사랑하는 사람보다
비어있는 것 보다
더 소중한 것이 있어 힘든 세상

고백하고 떠나가고
미워하고 그리워하고
혼돈의 시간들로 얼룩진 세상

비애의 수수께끼 같은 세상 뒤
깊은 세상에서 다가온
당신의 부드러운 미소

어느새
나의 마음을 갈라
고통을 흐르게 합니다

난 오늘도
나보다 앞서가는 감정을 붙잡기 위해

슬픈 노래 가락에 귀를 귀울리며
어둠을 기다리는
소녀의 마음으로
끝없는 침묵의 시간을 맞이합니다

무

모든 도가 흐른다
모든 덕이 흐른다
모든 경이 흐른다

그림자

당신이 아닌
누군가가 다가옵니다

당신을 기다리는 동안
기다리지 않았던
알 수 없는 차가운 그림자가

당신이 환하게 웃으며
꽃길 따라 무지개 언덕을 넘어설 때
찾아왔던 알 수 없는 차가운 그 그림자가

더 이상 찾을 수 없는 당신을 찾아 헤매는
내 모습이 안스러워

당신 아닌
어둡고 차가운 그림자가
당신의 모습으로
나를 싸늘하게 안아 줍니다

궁금했던 시간들

음악 사이를 걸으며
궁금했던 시간들

철학 사이를 걸으며
궁금했던 시간들

당신을 만나면서
궁금했던 시간들

지금
당신을 떠나보내고
당신을 궁금해하면서

떠나가지 못하듯
벗어나지 못하고

이성이 가득한
이곳에서

서글픈 아침을 다시 맞이합니다

자유인이고 싶지 않습니다

난 더 이상
자유인이고 싶지 않습니다

서로의 향기로
사랑을 나누는 오월처럼

투명한 사랑을 고집하는
깊은 산 고요한 호수처럼

영원한 사랑을 노래하는
거칠은 파도처럼

같은 손길
같은 향기로
끝없이 다가오는
당신이 곁에 있는 한

난 더 이상

자유인이고 싶지 않습니다

다시 한 번만이라도

떠나지 않는 단어들
중독이 되어 버린 손길들

모든 것들은 빛 바랜 시간들이 되었지만
달빛이 닿고
바람이 스치기만 해도
숨통이 터지는 당신의 흔적들

평생동안 하고 싶었던 얘기들을
평생동안 듣고 싶었던 얘기들을

단 한번에 다하고
단 한번에 다 들었기에

이젠 벙어리가 되고
귀머거리가 되었습니다

맑고 고운 가슴에서

울려나오는 속삭임들
단 한 번만이라도
다시 듣고 싶고
다시 말하고 싶어

이렇게 힘든
세상의 아침을 맞이하고 있습니다

숙명

과수원에 가면
싱싱한 과일을

꽃밭에 가면
향기나는 꽃을

사람들이 머무는 곳에 가면
당신을 찾습니다

당신을 찾는 동안
강렬한 현실이 저 산너머
산기슭에서 어둠을 손짓할 때

버얼써 우리는
그림자가 되어
끝이 없는 길을 나란히 걷고 있습니다

사랑은

기다리기도
참아보기도
불러보기도
애원하기도

견딜수없어
달려가보니
죽음이었네

보낼수 없는 당신

난 당신이
가장 좋아하는 것을 알고 있습니다

하지만 그렇게
할 수가 없습니다

당신이
내 마음을 헤아리지 못하고
내일을 재촉한다 해도

어둠 속 깊은 곳에 메어있는
얼룩진 시간들을 헤아릴 때까지
그렇게 할 수가 없습니다

당신은
언제나 내 삶을 새롭게 하고
어느새 내 마음을 즐겁게 하며

절망하는 나에게
버얼써 희망을 가져다줍니다

햇빛과 달빛이 함께 비추는
보라빛 언덕 위에서
당신을 기다리겠습니다

당신과의 추억이 없는 한
난 그렇게 할 수가 없습니다

설레임

나의 설레임은
당신에 대한 고백입니다.

당신이 건네준 말없는 미소는
나를 잘게 분해하여

황홀한 무기력에 빠뜨리고
들녘을 서성이게 합니다

바람 사이사이로 새어나오는
당신의 향기와 몸짓은
밤마다 넘치는 파도로 다가옵니다

갓 태어난 호기심과 설레임으로
이성으로는 알 수 없는 세상을
밤마다 당신에게 고백합니다

행복한 밤

오늘은
당신이 그리운 만큼
그리움이 비로 내렸습니다

온 세상이 이렇게
흠뻑 젖을 때면
당신은 저절로
내 안에서 피어오릅니다

당신의
촉촉한 입술은
햇살이 몰고 온

혼돈의 시간
늙은 도덕과 이성을 잠재우고

어린 희망이 생명을 얻는 것처럼
희미해진 사랑의 불꽃이

심연에서
어둠을 삼키며
환한 빛으로 다가섭니다

살아있어서 너무나 행복한 밤입니다

잊혀진 사랑을 찾아

하고싶은 일을 못해서
얻고싶은 것을 얻지 못해서
당신이 옆에 없어서도 아닙니다

그 순간의
잊혀진 사랑 때문입니다

하루에도 몇 번씩
다른 얼굴로 다가오는 현실

잊혀진 사랑을 간직할 수 없어
세상 뒤
깊은 어둠 너머

그 순간의
잊혀진 사랑을 찾아 떠납니다

그날이후

바람이
갈대를 흔들 듯

당신의 미소는
나를 흔들었고

햇빛이 해바라기를 마비시키듯
당신의 눈빛은
나를 마비시켰습니다

그리고
어둠이 태양을 삼켜버리듯

당신의 고운 입술은
내 심장을 삼켜버렸습니다

그 날 이 후
난 아무것도 기억할 수가 없습니다

두 형제의 차이

같은 시간
같은 공간에서
다른 생각
다른 느낌에 갇혀 살았던 전근대

다른 생각
다른 느낌으로
같은 시간
같은 공간에 갇혀 살아가는 현대

기억 속으로

달빛 짙어지고
넘쳐흐르는 욕정

어둠속으로 다가와
어둠속으로 사라지는 수줍음

단풍나무에 가을 스며들듯 스며든 당신
저버린 영혼을 일깨우며
출렁이는 현실로 다가옵니다

힘겹게
고통으로 다가왔던
모든 순간들을 쓸어안고

그동안 담아두었던 하얀 고백들을
달빛 뿌리듯 세상에 건네며

기억 속의 약속을 지키기 위해

보이지 않는
하얀 어둠을 따라 달아납니다

먼길

뒤늦게 펼쳐진 인생 뒤로
도적처럼 찾아온
싸늘한 그림자를 따라 나섭니다

이성적인 기억들은
무모한 시간 속에서 떠돌고

감성적인 기억들은
달콤한 향기로 새롭게 피어나
내 안에 가득합니다

이제
당신과의 시간들
그리고
집요했던 햇살들 뒤에서

조각난 이성과
수줍은 감성을 주어 담으며

돌아올 수 없는
먼길을 따라 나섭니다

하지만 난 당신을
세상 뒤에서도
결코 잊을 수가 없습니다

언제나 그곳

작지만 생명의 향기로 가득찬
꽃 봉우리

절망의 빛깔을 어루만져주는
포근한 바람

아름다운 기억들을
건네주는 수많은 별들

이 모든 생명들은
너무나 황홀한
당신의 숨결들입니다

나는
이곳에서

당신의 숨결이 닿지 않는
이성 속에서

죽음이 입 맞출 때까지
욕망도 감정도 없는 이곳에서
당신의 고운 입술 기다리며

아득한 수평선에 걸린
기억을 향해
하염없는 구원의 손짓을 보냅니다

살아가는 이유

꽃잎 사이에서 떨리는 바람
사랑 사이에서 떨리는 우리
이념 사이에서 떨리는 세상

그 세상 위에
순백한 당신이 서있습니다

하루만이라도
비틀거리는 세상을 저버리지 못하는 이유는

마르지 않는 당신의 아름다움
그리고 이성으로 가득찬 사랑사이를 방황하는
또 다른 나와의 약속이

아직
이 세상에 남아있기 때문입니다

어느 성직자의 사랑

태양이 타오르듯
가슴이 타오릅니다

메마른 가슴속으로
당신이 뛰어들었기 때문입니다

이제 하느님께 바라는건
내가 무신론자이기를
기원합니다

당신을 알고 부터
사랑은 죽음의
동반자임을 깨달았기 때문입니다

하얀 아침

유난히 하얀 겨울입니다

목숨을 버리고 싶을 정도의
그리움이 눈으로 눈으로
내렸기 때문입니다

하얀 눈이 너무 좋아
깨어나고 싶지 않은
하얀 아침입니다

이렇게 하얀 아침은 분명
갈등과 고통
그리고 너저분한 이성에 대한
소리 없는 절규입니다

당신이 보내준
하얀 이불을 덮고
싸늘해져 가는 육체를 느끼며

그토록 원하던
끝없는 자유의 품에 편안하게 기대어
도둑맞은 인생을 불러봅니다

당신을 기억하는 한

어제는
아무도 나를 기억 못하는
길을 걸었습니다

뉴욕에서
파리에서

오늘은
누군가 나를 기억하는
길을 걸었습니다

강가에서
들녘에서

이제는
어디에서든 행복하게
살아갈 수 있습니다

언덕의 꽃향기를 찾아
날아드는 나비처럼

당신을 기억할 수 있는
그 날의 어둠이 밀려오는 한

세상의 입술

순결한 하늘
순결한 마음

불결한 세상
불결한 입술

단 한 번만이라도

일정한 파장의 빛
일정한 파동수의 음파

이런 나의 모든 것들은
나에게 주어진 시간동안
단 한 번만이라도 행복하기 위해서입니다

우리들의 이상은 현실 위에서 미끌어지지만
당신의 아름다움은
세상이 비틀거리는 사이
어둠에 달빛 고이듯
가슴속에 슬픈 노래로 자리합니다

오늘도 그 날 같은 어둠이 찾아듭니다
너울거리는 어둠사이로
잊혀진 생명들이 춤을 추며

당신은 또 다른 몸짓으로

황홀한 세상을 만들며
지금의 세상을 잠들게 할 것입니다

울컥거리는 세상
당신을 향한
지칠 줄 모르는 나의 모든 것들

먼 옛날이 되어버린
그리움을 반복하며

어둠 속에서
꽃을 피우고
잃어버린 무지개 궁전을 새롭게 재건합니다

버려진 세상 속에서
당신을 향해 지칠 줄 모르는

이런 나의 모든 것들은

나에게 주어진 시간동안
단 한 번만이라도 행복하기 위해서입니다

창이 작은 방을

숨을 쉰다는 것만으로
살아 있는 것은 아닙니다

붉었던 인생이 어느덧
회색 빛을 발하며
고요함에 익숙해가고 있습니다

어둠이 짙어지면 짙어질수록
당신의 모습은 선명해지고

창이 작아 사랑이 새지 않는
작은방이 그리워집니다

사랑은 몰라도
서로를 그리워하는

우리의 영원한 설레임이 살아있는
창이 작은방을

내 안의 당신

현실의 늪에서
다른 인생을 사는 당신은

머리는 아니라고
마음은 그렇다고 외쳐댑니다

시간도
이름도
단어도
잊어버리고

불행의 흑판 위에
세상의 다양한 색으로

기억속의 황홀한 얼굴을 그리며
슬픔을 어루만지고
행복해하는 당신을 바라보는

그런 당신이
여기에 있더라도

그곳에서
뜨거운 피와
향기로운 살결의 당신과
함께 할 수 있다는 생각만으로
지칠 줄 모르는 아침을 맞이합니다

달콤한 고백

이유도 목적도 없는
호기심으로 가득찬
조용한 가을의 저녁입니다

긴 호흡에
출렁이는 가슴의 기억처럼
난 당신의 달콤한 고백을
잊지 못합니다

당신이 건네준
내 생애의 마지막 미소는

달빛 뒤에서
사라질 줄 모릅니다

겨울바람이 절규하며
흩어진 기억을 싣고
온 세상을 떠돌아다니듯

당신의 달콤한 고백은
굽이치는 바다를 항해하다

심연의 골짜기 뒤에서
거칠은 바다를 부끄럽게 물들이며

당신의 모습처럼
수줍은 황혼으로 다시 피어납니다

당신의 미소

망각이 있기에
인간이 존재하듯

당신이 있기에
나에겐
기억이 있습니다

당신의 미소가
지울 수 없는
고통으로 잔여하는
깊은 가을 저녁

아직도 나는
내가 살아 숨쉬는
기억의 숲 속에서
당신을 찾아 방황합니다

죽음 앞에 삶이 고통스럽듯

당신의 미소는
나에겐 커다란 고통입니다

친구

하얀 구름
노란 나비

빨간 장미
까만 친구

기도

두 세계가 흩어지고 다시 모여
시냇물과 백합 같은
맑고 환한 웃음이
우리 마음속에 가득하게 하소서

두 세계가 흩어지고 다시 모여
당신과 나를 닮은
눈짓과 몸짓이
작은 방안에 가득하게 하소서

두 세계가 흩어지고 다시 모여
사랑과 죽음처럼
지칠 줄 모르는 푸르름이
인생의 벌판에 가득하게 하소서

대지의 이름으로
천지의 이름으로

그리고
아름다운 당신의 이름으로
기도 드립니다

기억

겨울 바람에 떠밀리는
기억을 바라보며

두 손으로 얼굴을 가리고
당신을 떠올려 봅니다

사랑의 가파른 언덕을 서서히 오르는
우리의 젊은 시간들

미워하는 내 안에
당신에 대한 그리움으로 가득한 시간들

나는 기억합니다
당신이 기억하지 못하는 많은 시간들

어느새 당신이 돌아설 때 갈라놓은 어둠사이로
기억과 그리움이
생생하게 밀려나오고 있습니다

햇살 뒤에서
슬픔을 피해 부릅니다
당신을 결코 잊을 수가 없는 시간들을

복잡한 당신

푸른 구름
하얀 하늘

투명한 장미
화사한 바람

차가운 마음
뜨거운 입술

그런 당신은

내 앞에서
당신 뒤에서

늘 서성입니다

잊혀진 섬

철없이
입맞춤 시도하는
따사로운 햇빛속

속살이 수줍은 듯
풀줄기에 걸터앉은
빠알간 열매가

맑고 깊은
인생을 부르짖으며

잊혀진 섬
그리운 섬
영원한 섬을 기다립니다

고백

마음으로 말을 해야 하기에
고백이 얼마나 바보짓인 줄 알지만
당신은 내가 웃는 이유를 모르기에 고백합니다

당신의 봄 날
아름다운 파문을 일으키며
파고든 당신의 향기

내 가슴
그대 가슴 위에서 숨을 쉬며
당신의 향기가 만든 덫에 매달려 살았습니다

당신과의 첫 키스가
아무렇지도 않는 지금

절망의 빛깔이 흐르고
열 수 없는 어둠의 커텐 속으로
세상을 가두었습니다

함께 하면서도 함께 하지 못했던 얘기들
당신이 듣질 못해
이런 고백이 얼마나 바보짓인 줄 알지만

저 세상에서도
아름다운 파문을 일으키는
당신의 미소는 고백을 강요합니다

세월이 가면

친구도
사랑도
희망도

외로운
싸늘한
어둠만...

우리의 젊은 시간들

구름에
오월에

두 눈으로 세상을 가리고
당신을 떠올려 봅니다

사랑의 가파른 언덕을 서서히 오르는
우리의 젊은 시간들

당신은 이성에 묶여
움직이지 못하고

난 당신에게 묶여
보질 못했던 시간들

오월에
구름이 흐르듯

어느덧 마음이 흘러
또 다시 당신 앞에 멈췄습니다

싸늘해진 가슴에
따스한 추억의 입김을 불어넣어 보지만
텅 빈소리만 들려옵니다

하지만 나는 기억합니다
당신이 기억하지 못하는 많은 것들을

세상은

시간하나
욕망하나

시간둘
욕망넷

시간셋
욕망열

어느덧
세상은

죽음으로 가득찬
욕망의 늪

소나기

소나기의 뒷모습은
잡아도 머물지 않는
당신의 모습입니다

예고 없이 다가와
메마른 언덕을 적셔주고

표현조차 어려운
황홀한 바람으로
언덕을 삶으로 가득하게 합니다

지난 여름
당신이 몰고 온 소나기에
젖은 내 가슴에는

만질 수도
보이지도
표현할 수도 없는

향기로운 사랑의 꽃으로
만발하였습니다

이제 남은 것은
이 세상에서 가장 먼 곳으로
당신을 데려가는 일입니다

배신

강아지처럼
때로는 고양이처럼
나를 흔들어 놓고 달아난 당신

포기하라기에
그래야 함께 할 수 있다하기에 포기했는데

어둠이 흐느끼기도 전에
울고 간 당신

어느덧 세상 뒤에서
웃음보다는
고통이 많았던 시간들 헤아리며

나는 후련함
당신은 아쉬움으로
뒤를 돌아보며 돌아섭니다

멈추고 싶다고 멈추고
미워한다고 미워할 수가 없듯
당신을 포기할 수가 없어

난 오늘
당신이 사랑하는 달빛에 입을 맞추고
흐느끼는 어둠을 깨워
당신 뒤를 따라 나섭니다

설레임

달빛 뒤에서 건네준
당신의 미소와 향기는

나를 잘게 분해하여
황홀한 무기력에 빠뜨리고
매일 저녁 들녘을 서성이게 합니다

누구나 함정에 빠져 살아가지만
나는 당신의 미소와 향기가 펼쳐놓은 마술에 걸려
빠져 나올 수 없는 함정에 갇혀 있습니다

이성이 아닌 마음으로
말을 해야 벗어 날 수 있기에
고백이 얼마나 바보짓인줄 알지만

당신 마음이 외출한 사이
빈 가슴을 향해 설레임을 외쳐봅니다

분명
나의 설레임은
당신에 대한 고백입니다

상실의 상실

사랑 하지만
살고 있지만

말은 하지만
보고 있지만

듣고 있지만
느껴 보지만

오늘 보내듯
당신 보내고

상실 속에서
꿈을 부른다